記録が伸びる!

陸上競技

投てき 新版

~砲丸投げ・やり投げ・円盤投げ・ハンマー投げ~

日本大学陸上競技部元監督
(投てき指導)
小山裕三監修

JN074610

メイツ出版

砲丸投げ　the shot-put

円盤投げ　the discus

はじめに

　投擲は、重いものや難しい形状のものをいかにうまく、遠くへ飛ばすかを競う競技です。限られた狭いスペースのなかで精密な運動動作を行って、遠くに投げるためにはずば抜けた身体能力の高さが要求されます。物体を持って行うわけですからフォームはどの種目も複雑であり、日常生活ではすることのない動きをいかにバランスをとって美しく行えるか、という

ところが競技の魅力といえます。

　上達を目指す上でまず重要になるのは、力に頼らないということです。力づくで投げようとすると、どうしてもフォームなど技術面が完成しないのです。まだ筋力がついていないうちに、しっかり正しい技術を覚えることが大切です。

　そしてそれを反復することが上達する最上の方法であり、それ以外に強くなってい

ハンマー投げ
the hammer throw

やり投げ　the javelin

くための道はありません。

　それを考えると、体ができる前の中学生や高校生のうちにある程度正しい技術を身につけなくてはなりません。しかし投擲を専門に教えられる指導者は決して多くなく、出だしで正しい基本を習得できないケースがあることが歯がゆいところです。最初についた癖は、それが悪いものであってもなかなか矯正できないのです。

　この本では砲丸投げ、円盤投げ、ハンマー投げ、やり投げの全4種目の正しいフォームのメカニズムを解説しています。また、競技技術を向上するための専門トレーニングも紹介していますので、皆さんの技術習得の手助けにしてください。

日本大学陸上競技部元監督
小山 裕三

3

この本の使い方

この本では、陸上競技の投擲種目である砲丸投げ、円盤投げ、ハンマー投げ、やり投げで上達するためのコツを紹介しています。

4種目それぞれの技術を、投擲物の持ち方と構え、フォーム、注意点、ルール、トレーニング法の順で解説しているので、読み進めることで着実にレベルアップすることができます。トップクラスの選手たちのフォームを参考にして、正しい技術を身につけましょう。また、特に知りたい、苦手だから克服したいという項目があれば、その項目だけをピックアップしてチェックすることもできます。

各ページには、紹介しているコツをマスターするためのPOINTがあげられています。理解を深めるための助けにしてください。さらに巻末には、4種目共通の下半身をトレーニングするために効果的なバウンディングとコンディショニングに有効なストレッチのページも設けておりますので、練習メニューに取り入れましょう。

タイトル
このページでマスターするコツとテクニックの名前などが一目でわかるようになっている。

PART 1
コツ
01
砲丸投げのフォーム
2種類のフォームから選択

グライド投法

回転投法

CHECK POINT!
1 グライド投法では体を沈ませる
2 回転投法では水平にまわる
3 リリースは40〜42度

砲丸に力を与える距離をより長く

砲丸投げには2種類のフォームがある。最も広まっているのがグライド投法で、後ろ向きに上半身を前傾させた姿勢から、投擲方向に向かって体を起こしていく力で投げる。より長い距離を使って砲丸を加速させることがポイントで、低い構えから素早いステップでスピードをかけて砲丸を

押し出すようにリリ
もう1つは回転
ことでより長い距
きるメリットがあり
とが重要。振り切
ースすることで好記
イミングをとる難易

10

CHECK POINT
コツをマスターするためのポイントを紹介している。
練習に取り組む際には、常に意識しよう。

POINT
タイトルと CHECK POINT! に連動して、テクニックを
マスターするポイントを写真と文章で解説している。

げる

POINT ❶ グライド投法では 右足のヒザを直角に曲げる

　グライド投法でより強い力を得るためには、低い姿勢をとって体を起こす動作のスピードを速めることが大切。サークルの後方で構えの姿勢をとったら、まず体重を乗せる右足の、ヒザを直角に曲げて体を沈み込ませる。

POINT ❷ 回転投法は水平に 体をまわす

　ターンして勢いをつける回転投法では、砲丸を密着させたまま体を回転させる。このとき、回転の軌道が乱れると力が増幅しないので、水平にまわることがポイントになる。左足を軸にしてスピードを高めていく。

POINT ❸ リリースは40〜42度の 角度がベスト

　好記録を出すためにはフォームのスピードによる力の増幅に加え、リリースポイントの高さと投擲の角度も重要になる。投擲方向へ体が伸びあがったタイミングで、40〜42度の角度で投げることが理想となる。

回転させる
力を増幅で
くまわるこ
ージでリリ
きるが、タ

+1 プラスワンアドバイス

グライド投法　　回転投法

2種類のフォームの メリットとデメリット

　グライド投法は、動作がシンプルであるため安定性が高いフォームと言える。一方、回転投法はリリースの難易度が高く、ファウルのリスクがある。しかし、より長い時間を加速に使えるためスピードの面でメリットがある。

11

解説文
コツと関係する知識を解説している。
じっくり読んで理解を深めよう。

プラスワンアドバイス
コツやテクニックに関する詳しい知識や、動作など
細かな方法などをアドバイスしている。

CONTENTS

※本書は2015年発行『記録が伸びる！ 陸上競技　投てき ～砲丸投げ・やり投げ・円盤投げ・ハンマー投げ』の新版です。

体のサイズを大きくしてパワーを発揮し投擲する

　片手で砲丸を投げる砲丸投げは、動作のスピードとリリースの高さ、角度がカギを握る競技。小さいサークルのなかで強い力を発揮し、地面からの反力で突き出して飛距離を出すので、パワーが重視されることが特徴。そのため体重のある体型が求められ、分厚い筋肉を持つ選手に適している競技といえる。世界的には筋肉のつきやすい欧米人が活躍しており、肩幅などが狭く横に広がりづらい体型の日本人がパワーで勝負するのは難しい。トップレベルを目指すなら、最大限フィジカル面を強化して体を大きくした上で、高い技術力を身につけてパワー不足をカバーしたい。

日本大学陸上競技部投擲・砲丸投げブロック
◉近年の成績
2014年：第82回日本学生陸上競技対抗選手権大会2位3位6位
2015年：第98回日本陸上競技選手権3位・第83回日本学生陸上競技対抗
　　　　選手権大会1位3位5位・第69回国民体育大会2位8位9位

2種類のフォームから選択して投げる

グライド投法

回転投法

CHECK POINT!
1 グライド投法では体を沈ませる
2 回転投法では水平にまわる
3 リリースは40〜42度

砲丸に力を与える距離をより長くする

　砲丸投げには2種類のフォームがある。最も広まっているのがグライド投法で、後ろ向きに上半身を前傾させた姿勢から、**投擲方向に向かって体を起こしていく力で投げる**。より長い距離を使って砲丸を加速させることがポイントで、低い構えから素早いステップでスピードをかけて砲丸を押し出すようにリリースする。

　もう1つは回転投法。**体を回転させることでより長い距離をかけて力を増幅できる**メリットがあり、水平に速くまわることが重要。振り切るようなイメージでリリースすることで好記録が期待できるが、タイミングをとる難易度が高い。

POINT ① グライド投法では右足のヒザを直角に曲げる

グライド投法でより強い力を得るためには、低い姿勢をとって体を起こす動作のスピードを速めることが大切。サークルの後方で構えの姿勢をとったら、まず体重を乗せる右足の、ヒザを直角に曲げて体を沈み込ませる。

POINT ② 回転投法は水平に体をまわす

ターンして勢いをつける回転投法では、砲丸を密着させたまま体を回転させる。このとき、回転の軌道が乱れると力が増幅しないので、水平にまわることがポイントになる。左足を軸にしてスピードを高めていく。

POINT ③ リリースは40〜42度の角度がベスト

好記録を出すためにはフォームのスピードによる力の増幅に加え、リリースポイントの高さと投擲の角度も重要になる。投擲方向へ体が伸びあがったタイミングで、40〜42度の角度で投げることが理想となる。

+1 プラスワンアドバイス

2種類のフォームのメリットとデメリット

グライド投法は、動作がシンプルであるため安定性が高いフォームと言える。一方、回転投法はリリースの難易度が高く、ファウルのリスクがある。しかし、より長い時間を加速に使えるためスピードの面でメリットがある。

グライド投法　回転投法

持ち方・構え

砲丸を片手で持ち首に当てる

CHECK POINT!
1 砲丸の重心は中指のつけ根
2 鎖骨と下アゴの間で砲丸を保持
3 小指と親指を外さないように注意

フォームによって構え方が異なる

砲丸の持ち方はグライド投法、回転投法ともに同じだ。利き手を肩と頭の間の高さにあげ、手のひらが上を向くように手首を曲げたところに砲丸を乗せる。**このとき、人差し指と中指の付け根のあたりを中心とすることがポイント**。人差し指から小指までは開きすぎず、等間隔で揃える

イメージ。親指は軽く添える。その状態から砲丸を首の側部に当て、手と首の二点で落とさないように支える。

立ち方は、グライド投法では利き足を前に、逆足はつま先をやや外に開いて立つ。回転投法では、両足を左右に肩幅かやや大きめに開いて構える。

POINT ❶ 中指のつけ根に砲丸の重心を置く

　砲丸を地面から拾いあげて持つ。力を入れて指を握り、開いた状態をイメージし、人差し指と中指、薬指の第三関節部分、親指で砲丸が落ちないように支える。中指のつけ根に砲丸の重心がくるように持つと安定する。

POINT ❷ 鎖骨と下アゴの間に置き砲丸を保持する

　砲丸は鎖骨と下アゴの間に置き、首の真横よりやや前で保持することがポイント。　そうすることで砲丸を落とすことなく維持できる。また手の位置は投射の動作中でもこの高さをキープすることが大切だ。

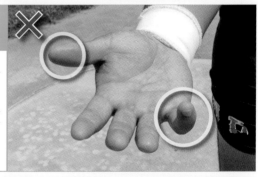

POINT ❸ 小指と親指は外さないで持つ

　小指と親指を野球のように外して握るのはNG。安定感がなくなるばかりか、腕に余分な力が入ってしまったり、ケガの要因にもなりかねない。手のひら全体で包むように、親指と小指は両側から支えるように持つ。

+1 プラスワンアドバイス

砲丸の保持する位置を前後させない

　一連のフォームの流れのなかでリリースする瞬間まで、砲丸を保持する位置は変わらない。保持する位置が極端に前過ぎたり、後ろ過ぎるのは落下やコントロールの低下につながる。砲丸は鎖骨と下アゴの間に置き、首の真横よりやや前で保持することが大切だ。

上半身を沈み込ませてフォームに入る

① サークルの後方で
背中を向けて
両足をやや前後に
開いて立つ。

② 左足をあげて
上体を大きく前傾させる。

⑤ POINT
2
サークルの中央に右足をつく

⑥ 左足をサークルの前につき、
上体を起こしはじめる。

③

POINT 1　右足に重心をかけて
ヒザを直角に曲げる

④

右ヒザを伸ばして、
投擲方向に向かって強く地面を蹴る。

⑦

POINT 3　砲丸を突き出すように
40〜42度の角度でリリース

⑧

投擲方向に向けて
フォロースルーを充分にとる。

15

フォームの流れ - グライド投法

体を開いて勢いをつけてリリースする

1　　　　　　　別角度をチェック

両足を前後に
やや開き、
サークルの
後方に立つ。

2

上半身をまっすぐ前に倒して、
右足で体を支える。

5

姿勢を崩さずに右足から着地し、
続いて左足をつく。

6

POINT 2 左腕を先行させて
上半身を開いていく

3

右ヒザを沈み込ませて、
まっすぐ体全体を落とす。

4

POINT 1 投擲方向に背中を向けたまま
地面を蹴ってまっすぐ跳ぶ

7

体の捻りを解くようにして
リリースに持ち込む。

8

POINT 3 左足に重心をかけ右ヒジが
顔の正面に来るように投げる

17

スムーズな体重移動で回転のスピードをあげる

1 サークルの後方で投擲方向に背中を向けて足をやや広げて立つ。

2 腰をひねって右足に重心を乗せ回転に向けて振りかぶる。

5

6

POINT 2 右足をサークルの中心について重心を乗せる

POINT 3 左足をまっすぐ引いてサークルの前方につく

3

POINT
1
左腕を先行させて左側に
回転しはじめる

4

右足を浮かせて
振り子のように使って回転する。

7

左足に重心を移動させて
腕を振り切ってリリースする。

8

回転の勢いのまま
フォロースルーをとる。

水平に体をまわして素早く動作する

1

別角度をチェック

最初の構えでは
左足にやや重心を乗せる。

2

左から右へと勢いをつけて
体を振りかぶる。

5

右足を着地すると同時に
左足を前に出しはじめる。

6

体を開いて斜め上方向へ向けて
半回転する。

3

左足に重心を乗せて
左腕を使って回転動作をスタート。

4

POINT **1** 勢いをつけて
素早く水平に回転する

7

POINT **2** 40〜42度の角度で
リリースする

8

POINT **3** フォロースルーでは
回転してファウルに注意する

21

注意点・BAD 例

フォームのポイントをチェックする

POINT 1 正しい位置で砲丸を保持する

砲丸を正しい位置で保持していないと、リリース時のコントロールが難しくなる。保持する位置が前過ぎると、フォームを通じてパワーも蓄積されずリリースで力が発揮されなくなる。体全体に無駄な力が入ったり、腕で余計な操作をすることで投射が安定しなくなるので注意しよう。

POINT 2 正しい方向に砲丸を突き出す

蓄積したパワーを解き放つリリースの瞬間を、パワーポジションという。ここで体が開いてしまったり、起きあがってしまうと砲丸は狙った方向や角度で飛んでくれない。これは大きなロスとなり、記録にもつながらない要因となる。正しい突き出しの方向と角度を意識したリリースを心がけよう。

POINT ③ 後ろ足のカカト延長に前足のツマ先を置く

前足を踏み込む突き出しに向かうタイミングでは、後ろ足のカカト延長に前足のツマ先がくることが理想。そうすることで正しい方向に砲丸を突き出すことができる。ツマ先が開いている悪いフォームだと、腰から上の上半身が開いてしまい、砲丸はまっすぐ飛んでいかない。

POINT ④ 回転から突き出すタイミングを見極める

回転投法はリリースのタイミングが難しい。回転したところから前足がサークルの前方についたタイミングで、投射方向に対して体が開かないようにすることが大切。そうすることで突き出す方向とコントロールを安定させる。回転時はできるだけ地面と肩を水平にすることもポイント。肩が水平でないと回転の軸に狂いが生じてしまう。

砲丸投げの競技ルールを把握する

CHECK POINT!
1 16ポンド (7.260kg) の砲丸を投擲する
2 投擲後はサークルの後ろから退場する
3 サークルから出るとファウルだが足留め材の内側はOK

砲丸を固定した姿勢で動作する

砲丸投げは直径 2.135m のサークルから砲丸を投げて、その中心から 34.92 度の扇形の有効エリア内に落下させて記録を競う競技だ。**投擲の際には砲丸を両肩のラインより後ろに動かしてはならず、静止した状態からフォームに入って片手で投げる。**記録はサークルの中心から落下点までを結んで計測し、3 回の試技（投擲）で最も優れた記録が成績となる。

有効エリア外に砲丸を落下させる、砲丸が落下する前にサークルから出る、投擲後にサークルの左右にある線より前側から出る、などするとファウルとなるので注意して投擲する。

POINT ① 16ポンド（7.260kg）の砲丸を投擲する

　砲丸は男子一般で7.26kgの重量があり、直径は11〜13cmとなる。なお高校生は6kg、中学生は5kgと、カテゴリーが下がるごとに軽くなる。女子は高校生以上は4kgで、中学生は2.721kgと男子より軽いものを使用する。

POINT ② 投擲後はサークルの後ろから退場する

　動作を行うエリアとなるサークルには左右にラインが引かれており、投擲後はその後ろから出なければファウルとなる。なお投擲はサークル内で静止した状態から行わなければならず、1分以内の時間制限もある。

POINT ③ サークルから出るとファウルだが足留め材の内側はOK

　砲丸が落下する前にサークルから出てしまうとファウルとなるが、サークルの前方（投擲方向側）に設置されている足留め材の内側であれば触れてもOKだ。しかし上に乗ってしまうとファウルになるので注意。

+1 プラスワンアドバイス

投擲種目では滑り止めを使用できる

　投擲を行う前に滑り止め剤を手につけることが認められている。粉状の炭酸マグネシウムが用いられることが多く、投擲4種目全て共通だ。なお、砲丸投げでは手だけではなく、砲丸を支える首にもつけることができる。

体幹の瞬発力を身につける

POINT 1 バックステップでスピードをつける

構えから投射に入る過程ではバックステップのスピードが砲丸の飛距離につながる。できるだけスピードがつくようにトラックで練習する。この時点では体を起こした状態で構わない。30m×5本を目安に練習しよう。

POINT 2 腰を落としてグライドに入る

バックステップから腰を落としてグライドの入りに近づける。このとき利き手は首に近づけて正しい砲丸の保持をイメージ。利き足を前にして後方にギャロップしながらさがる。30m×5本を目安にトレーニングする。

CHECK POINT!

1 バックステップの練習でフォームのスピードを高める
2 腰を落としてグライドに入るトレーニングをする
3 グライドしながらステップしてスピードと精度を高める

POINT ③ 連続してグライドしながら後方にさがる

投射の構えからグライドして後方にさがる。一歩目をついたら体を小さく畳み、二歩目で大きく後方にステップし、前足で地面を蹴ってすばやく引き寄せる。一連の動作をすばやく正確に行うことで、股関節まわりの筋肉が鍛えられ、スピードのあるグライドが身につく。

+1 プラスワンアドバイス

前足を強く蹴って
元の体勢に戻る

連続グライドでは三歩目で大きく両足を開いた状態から、前足を強く蹴って小さくなる二歩目の体勢に戻ることがポイント。その際、肩のラインを平行に保ち、体の軸を安定させることで正しい方向に突き出すフォームとなる。

27

コツ
10
砲丸投げのトレーニング②
投射フォームを身につける

POINT 1 シャフトを突き出して筋力アップをはかる

シャフトの一方を地面に固定し、片手で持ちあげることで突き出しの感覚と筋力アップをはかるトレーニング。投射フォームと同じ動作をすることにより、砲丸で使う筋肉の筋力が強くなる。重さは15〜20kg、回数は20回、5セット程度を目安に行う。

POINT 2 体を大きく使って投射フォームを再現する

大きめのバランスボールを持って投射フォームを再現する。このとき体を大きく使って下半身の重心移動をしっかり行うことがポイント。上半身の動きが制限されているので、足腰をしっかり動かさないとパワーポジションで大きな力を発揮できない。

CHECK POINT!

1 シャフトを突き出す練習で筋力をアップさせる
2 ボールを持って練習しフォームの精度を向上させる
3 シャフトを使ってフォームの強さを身につける
4 足にチューブをかけて引く
5 チューブを全身を使って引く

POINT 3 足腰の力を使って フォームに強さをつける

バーベルシャフトをかついで投射フォームを再現する。突き出しまでの流れのなかで、下半身の重心移動や肩の高さ維持、腰の入れ方など実際のフォームをイメージすることが大切。バーベルという負荷をかつぐことで下半身の筋力アップにつながる。

POINT 4 足のつけ根から チューブを引く

ゴムチューブにカカトを引っ掛けて、足をすばやく引き寄せる。そうすることで力強いグライドを身につけることができる。カカトの延長に前足のツマ先がくる三点ポジションから、足のつけ根からチューブを引くイメージで行う。足だけで引くと強い力はうまれない。

POINT 5 チューブを引いて腰を入れる

左手でチューブを持って突き出しをイメージしながら引く。このとき腰を入れて上半身を回していくことが大切。そうすることで腕だけの操作にならず、全身の力を使った理想的な投射フォームに近づけることができる。

PART 2

円盤投げ
the discus

遠心力を高める長い腕と回転の素早さが重要

　片手で持った円盤を、体を回転させて投げる円盤投げ。動作のスピードとリリースの高さ、角度が重要で、面のある物体を投げるため空気抵抗も飛距離に影響を与えるポイントとなる。

　回転動作でいかに遠心力をかけるかが記録に直結するので、より体から遠くでまわすことができる腕の長い体型の選手に適した競技だ。そのため、身長が高ければそれだけ有利となる。パワーも重要なので体重も求められる要素だが、素早さが求められるフォームとなるので、筋肉をつけつつもシャープさを失わないように、バランス良く鍛えていくことが記録を伸ばすポイントとなる。

日本大学陸上競技部投擲・円盤投げブロック
◎近年の成績
2014年：第82回日本学生陸上競技対抗選手権大会6位
2015年：第83回日本学生陸上競技対抗選手権大会4位7位

体を回転させて遠心力を得る

CHECK POINT!
1 円盤を振りかぶる
2 左足に重心を乗せてまわる
3 円盤に体重を乗せて投げる

スムーズな動作でターンする

　円盤投げでは一回転半でリリースするフォームが主流。動作としては、最初に円盤を振りかぶるワインドアップを行い、次にステップしながら円盤に遠心力を与えるターンの動作に入る。**まず左足に体重を乗せて体を回し、右足をサークルの中心につま先が投擲方向と逆向きになるように**つく。一回転したところからスローの動作に入り、左足を投擲方向に踏み込んで、左に重心を乗せながらまわる。投擲方向に向けての半回転の間に、体の横から正面で円盤の持ち手を振り切ると自然とリリースできる。指で弾くように、反時計回りに回転させる。

POINT ① ワインドアップでは重心を円盤に合わせて動かす

ワインドアップで、円盤の動きに合わせて重心を左右に動かすことがポイント。振り方に明確な決まりはなく、前から振る選手がいれば、後ろからの選手もいる。自分のフィーリングに合わせて振りかぶろう。

POINT ② 最初のターンでは左足の拇指球に全体重を乗せる

ターンをはじめる際には、左足を軸に回転する。そのとき、拇指球に全体重を乗せることがポイント。カカトを浮かせてヒザをやや曲げた姿勢をとって、右足を振り子のように使ってまわり、遠心力を増幅させる。

POINT ③ ヒザを柔軟にして体重移動しながらスロー

ターンでサークルの中央に右足をついたら、その上に軽く体重をかける。このとき、ヒザはやや曲げて柔軟にキープ。左足をサークルを前方について半回転し、その足へと体重移動しながら円盤をリリースする。

+1 プラスワンアドバイス

目線は水平にキープ 一定の高さで回転する

フォーム全体を通して、目線を水平にキープしたまま動作することが大切だ。これによってターンで円盤を平行に動かせるようになり、ロスなく遠心力をかけられる。目線が上下するとミスしてしまうので注意しよう。

片手で円盤を持ちリラックスする

CHECK POINT!
1 4指の第一関節で持つ
2 サークルの後ろで脱力して立つ
3 つま先をサークルのフチにつける

円盤を指に引っ掛けて投擲方向と反対向きに立つ

　円盤投げは、片手での投擲となる。**円盤を持つ際には利き腕の4指の第一関節をかける**。ターンによって遠心力がかかった円盤を支えることが目的なので、ガッチリと持つよりも引っ掛ける程度がベストだ。なお、指はそれぞれ開いて持つが、人差指と中指はやや近い間隔を意識する。これにより、リリースでより強い回転をかけられるようになる。

　構えは、投擲する方向に対して背中を向けて立つ。立ち位置はサークルの最後方が基本。ダイナミックなステップからリリースするので、フォームを行うスペースをしっかり確保する必要がある。

POINT ① 4指で第一関節を掛け 中指と人差指をやや寄せる

円盤は利き手の人差指から小指までの4本の指の、第一関節をフチにかけて持つ。手は開くが、人差指と中指はやや近い間隔で引っ掛ける。これにより、リリースする際に円盤に対して強い回転をかけられるようになる。

POINT ② リラックスして サークルの最後方に立つ

構えの立位姿勢では、体をリラックスさせることが重要だ。肩幅程度の自然な形で足を開いて立ち、ヒザをやや柔軟にして力を抜く。立つ位置はサークルの最後方で、投擲方向に背中を向けて構えをとる。

POINT ③ つま先をサークルの フチにつけて構える

最初の構え姿勢では、サークルの最後方で左右のつま先をフチにつけるのが基本だ。しかしギリギリすぎるとターンで踏み外してしまう危険がある。サークル外に足がつくファウルをしてしまう場合は、やや間を空けて構えても良い。

つま先をつける

やや離す

フォームの流れ

一回転半で円盤に勢いをつける

①
サークルの最後方に投擲方向と
反対を向いて立ち、ワインドアップ。

②
ワインドアップでは円盤に合わせて
重心をやや左右に動かす。

⑤
POINT 2
サークルの中央に右足をついて
一回転する

⑥
左足をまっすぐ直線的に引いて、
サークルの前側につきスローへ移行。

③ 大きく振りかぶって
ターンへと移行する。

④ POINT 1 左足の拇指球を軸にターンする

⑦ POINT 3 体の真横あたりでリリース

⑧ 円盤は遠心力で自然と離れていくので
指で弾いて、腕を振り切る。

腕を伸ばして円盤を平行に操作する

1 別角度でチェック

ワインドアップでは
円盤に合わせて
重心をやや動かす。

2

逆側にもしっかりと腕を振って、
ターンへの予備動作を行う。

5

POINT 2 円盤は常に右腰のやや後ろで
キープする

6

サークルの中央に右足をつく。
右のつま先は投擲方向と反対向き。

3

4

POINT
1
左足を軸に右足を
振り子のように使ってまわる

遠心力を感じながら、
ターンへと移行していく。

7

8

左足を前について、
最後の半回転を行う。

POINT
3
腕を振り切って
34〜40度の角度で投げる

力みや細部の乱れに注意する

POINT 1 足が力んで棒立ちになると 円盤にパワーが加わらない

ターンしながらのステップは、フォームのなかでも難しい動作。足運びが身についていないと、正確に動作しようと慎重になりがちになる。間違えないように意識しすぎると足が力み、棒立ちになりやすいので注意が必要だ。地面からの反力を得ることが重要にも関わらず、足が使えないと手投げになってしまう。低い姿勢から投げることを意識しよう。

POINT 2 腕に力が入ってヒジが曲がると 遠心力がかからない

円盤は全身の力で投げるもので、腕の力だけで投げては好記録は生まれない。腕で投げようとすると力が入りヒジが曲がり、回転が小さくなって遠心力が減少するので注意。また、初心者だと円盤を落とさないように力んでヒジが曲がるケースもある。円盤を必要以上に握ってしまうのは遠心力を感じられていない証拠なので、ワインドアップから意識する。

POINT ③ 目線が下がっているのは円盤の回転が乱れている証拠

　素早く回転するフォームのなかで、目線は雑になりやすい動作のひとつ。水平にキープすることが理想だが、目線が下になりやすいので注意が必要だ。その原因は意識にある。円盤を高い位置で回そうと、肩が入って顔が下を向いてしまうのだ。右肩が入ると左肩が下がりバランスが悪くなるミスも生じやすいので、目線と合わせてチェックしよう。

POINT ④ 速く振ろう意識するあまり肩が先行してしまうのはNG

　より遠くに飛ばすために回転のスピードをあげることは効果的な方法のひとつだが、速さを求めるあまりにフォームの正確さを欠いてしまっては本末転倒だ。速く回ろうとすると肩が先行して、本来なら体の横にあるべき円盤が後ろになって、力がうまく伝わらなくなる。高く振ろうとすることでも肩が先行しやすいので、無理なターンには注意しよう。

円盤投げの競技ルールを把握する

有効エリア内に円盤を落とす

円盤投げは直径 2.5m のサークル内から、円盤を投げる競技。**サークルの中心から34.92の角度で扇形のエリアがあり、その内側が投擲方向となる。そのエリア内に円盤を落下させることが最低限のルールとなる。**記録はサークルの中心から落下点を測定し、一人につき 3 回の試技が

でき、そのうち最も優れた記録が成績となる。

有効エリアの線上より外側に円盤が落下するとその投擲はファウルとなり、そのほかにも動作中にサークル外に出る、投げ終わりサークルの前方から出る、などの行為でもファウルとなるので注意。

POINT 1 円盤は2kgが一般で カテゴリーによって異なる

円盤は一般男子で2kgで、大きさは直径20〜22cm、厚さは3.8〜4.6cmが使用される。なお下のカテゴリーの高校生は1.75kg、中学生は1.5kgとなる。女子は全カテゴリー1kgで、直径18cm厚さ3.8cmを使用。

POINT 2 動作中にサークルから 出てしまうとファウル

直径2.5mのサークル内から、動作中に出てしまうとファウルになる。ファウルになりやすいケースとして、ターンの動作で左足を軸にする際に、足を横向きにしたところでカカトを外に出してしまうミスがあるので注意。

POINT 3 円盤の落下前に サークルから出てはならない

投擲しても、円盤が落下するまではサークルから出てはならない。リリース後に勢い余って前に踏み出してしまわないように注意。落下したらサークルの横に引いてある線より後方から出ることがルールとなる。

+1 プラスワンアドバイス

投げなければ やり直すことができる

円盤を持ってサークルに入ったら、一度静止した後に投擲の動作に入る。1分以内に動き始める必要があり、時間を越えるとファウルとなる。なお、投擲動作は投げなければやり直すことができる。

43

投げの練習を重点的に行う

POINT 1 スタンディングスローで投げの感覚を養う

　ターンを省略してリリースのみ行う動作を、スタンディングスロー（立ち投げ）という。初心者がまず行う練習だが、投げの確認や感覚を養う方法としても効果的。サークルの前側で投擲方向に対して半身で立ち、ワインドアップからスローを行って投げる。ステップをしないものの、右足から左足へしっかりと体重移動し、全身を使って投擲する。

スタンディングスロー

1 投げの動作のみを練習する
初心者はスタンディングスローからはじめる
2 重いものを投げる
体作りに取り組む時期に行う練習

POINT ② 重いものを投げてスローを強化する

　重量の違うものを投げて投擲技術を高めよう。砲丸投げの砲丸でスタンディングスローを行うと、より振り切り動作を正確に行えるため技術アップが見込める。加えて10kgの重いプレートでターンも含める投擲をすると、回転のスピード向上する。どちらも筋力アップの効果もある。回数はそれぞれ20×3セット程度が目安で、体作りの時期に行う。

砲丸

プレート

コツ
18

円盤投げのトレーニング②

指と手首のスナップを身につける

POINT ① 円盤キャッチボールで 指のかかる感覚を養う

円盤を指で弾く感覚を養うために、2人1組で円盤キャッチボールを行う。やや間を空けて正対し、右ヒザをついて左足を立て、円盤を地面に置いて持つ。後方から滑らせて、指を使ってリリースし相手へ送る。このキャッチボールを繰り返すことで、指の感覚が身につく。硬い地面だと円盤が傷つくので、砂利などは避けて取り組もう。

POINT 2 直上投げに取り組みリリースを確認する

　リリースの練習を個人で行う場合には、直上投げが効果的だ。円盤を真上に投げあげることで、小さなスペースで練習できる。指に意識を集めて行うことがポイントで、感覚の確認さえできれば高さは低くても良い。練習や試合前のウォーミングアップとして行うと、リリースの感覚に加えてコンディションなども合わせてチェックすることができる。

コツ 19 フォームを4つのドリルで練習する

POINT ① 軸足ターンを正確に行う

フォームの動作は難しいので、分割して練習すると良い。まずは最初の軸足ターンのドリル。構えの姿勢をとり、左足に重心を乗せて、その足を軸に一回転する。10回連続で正確に行えることを目標にしよう。

POINT ② ターン後の半周を身につける

一回転したあとの半周をドリルでマスターする。右足を前に出し、最初のターン後の姿勢を作ってから、180度半転する。ポイントは、腰と左足を常に同じ位置のまま行うこと。半転を繰り返し行って練習する。

POINT ③ ハーフターンで リリース練習

リリースに重点を置いた素振りでは、半回転からスローを行うハーフターンが効果的だ。ステップが少ないのでスローに意識を集めることができ、リリースの感覚が身につく。体が開かないように注意しよう。

POINT ④ フルターンで 全体を確認する

ドリルの仕上げとして、フォーム全体を円盤なしで動作するフルターンを行い、フォーム習得を目指す。初心者はフルターンができるまで、各ドリルも含めてしっかり取り組もう。フォームがある程度身についている人はそれぞれ10回程度の確認でOKだ。

PART 3

ハンマー投げ
the hammer throw

スムーズに回転できる技術とスピードがカギとなる

　サークル内でハンマーを回転させて投げるハンマー投げは、よりスピードが強調される競技だ。ハンマーの回転スピードを高めるためには、テクニカルなステップを含む回転動作をスムーズに行える技術力と素早さが要求されるため、器用さと俊敏性を持っている選手が大成する。体格の適正としては重量重視の砲丸投げとサイズの大きさが重視される円盤投げの、中間くらいの体つきが望ましい。

　フォームでの回転数は4回転が主流だが、かつては3回転で多くの選手が投げていた。初めて4回転を導入したのは日本人で、それによってサイズがなくても記録が出ることが実証された。

日本大学陸上競技部投擲・ハンマー投げブロック
◉近年の成績
2014年：第97回日本陸上競技選手権3位・第82回日本学生陸上競技
　　　　対抗選手権大会4位5位・第6回東アジア陸上競技大会4位
2015年：第83回日本学生陸上競技対抗選手権大会4位8位

4回転で力を増幅させてハンマーを投げる

CHECK POINT!
1 スイングで勢いをつける
2 左足に重心を乗せて回転する
3 腕には力を入れず体の横でリリース

体を回転させてハンマーに遠心力を与える

　ハンマー投げのフォームでは、遠心力を得るための回転が最大のポイントになる。回転数に決まりはないが、現代は4回転が主流となっている。

　投擲方向に背を向けている姿勢から、まず腕を使ってハンマーを2～3回程度スイングさせる。これには回転に入る予備動作の目的があり、軽く遠心力を得たところから体をまわし始める。左足を軸に少しずつ前進しながら、徐々に加速。**遠心力のかかるハンマーにもたれることが重要で、引っ張り合いながら力を増やす。**リリースは体の真横で、回転をとめることでハンマーを飛ばす。

まず頭上でスイングさせ
回転に入るための勢いをつける

　直立の姿勢からいきなり回転をはじめてもハンマーをうまくまわせない。まずはじめに腕を振りあげて頭上で、2～3回転ほどまわして勢いをつける。これをスイングといい、スムーズに回転するための予備動作となる。

左重心で回転し
ハンマーにもたれる

　スイングをして回転の動作に入ったら、左足に重心を乗せて、その足を軸に回転する。加速させるごと遠心力が強くなるので、ハンマーにもたれるようにして、力の釣り合いをとるように意識することがポイントだ。

腕は伸ばした状態をキープ
体の真横でリリースする

　フォームの動作中は腕はリラックスさせ、伸ばした状態で遠心力に任せる。脱力していれば、リリースで自然とハンマーが手から離れるので、回転を終えてハンマーが体の真横にきたところで離して投擲方向に飛ばす。

+1　プラスワンアドバイス

目線は自分のフィーリング
投げやすい方法を見つける

　回転動作中の目線の向ける方向には、明確な決まりはない。ややハンマーの先を見る、後ろから追いかけるなど選手それぞれの方法がある。フォームが乱れない範囲で、最も投げやすい感覚になる目線の位置を探そう。

両手でハンマーを持ち回転の準備

CHECK POINT!
1 肩幅程度の足幅で後ろ向きに立つ
2 半身の姿勢をとって両手で持つ
3 左の4指をひっかけ右手を乗せる

腰を入れて胸を張った姿勢で構える

　ハンマー投げは、両手でハンマーを持って投擲する。ハンマーの持ち方は、持ち手にまず左手の人差指から小指までの4指の第一関節をかけ、その上から右手の4指を乗せる。回転の力で投げるので手はリラックスさせることが大切。力まないように意識することが重要だ。

　立ち姿勢は胸を張って腰を入れる。これにより、回転させるハンマーに引っ張られることなく、**安定した姿勢でフォームを行えるようになる**。足幅は肩幅程度が基本で、サークルの後方で投擲方向に背中を向けて立つ。フィーリングによってはやや体を向きを開いても良い。

POINT ① サークルの最後方に背中を向けて立つ

体を回転させて投げるハンマー投げのフォームでは、サークルの最後方で投擲方向に対して背中を向けて初期姿勢をとる。構えでは、体が丸まらないように腰を入れ、胸をはることが大切。足幅は肩幅程度がセオリー。

POINT ② フォームを始めるタイミングで持ち手を両手で持つ

ハンマーを回し始める前に腰をやや回し、投擲方向に対して半身の姿勢をとる。ハンマーの持ち手（ハンドル）を両手で持ち、回転動作に入る準備をする。上半身の構えを崩さず重心を右足に乗せ、左足はカカトを浮かせても良い。

POINT ③ 持ち手に左手の指をかけ、その上から右手を乗せる

ハンマーの持ち方は、まず左手の人差指から小指までの4指の第一関節を、ハンマーの持ち手部分に引っ掛ける。親指は使わないので、手に沿わせておく。その上から右手をかぶせるようにして、両手で持つ。持ち手に直接触れる左手は、グローブをすると良い。

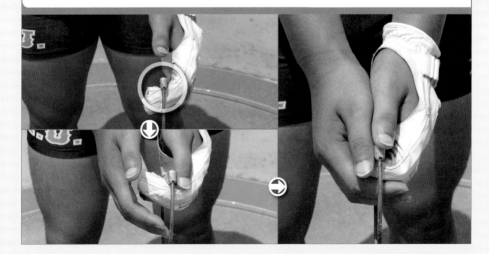

フォームの流れ - 前半

スイングの予備動作から回転動作に入る

①

投擲方向に対して後ろ向きに、
腰の入った姿勢で立つ。

②

胸を張って、左手を持ち手にかけ
両手でハンマーを持つ。

⑤

POINT **2**

左足を軸に右足を浮かせて
ターンする

⑥

右足の着地時も
重心を左に置いたままキープする。

3

POINT 1

腕を振りあげてスイングさせ
勢いをつける

4

2 周ほどさせたところで、
腕を下げて回転動作に移行。

7

POINT 3

ハンマーの軌道は
上下に波打たせる

8

ハンマーと正対の関係で
動作することが重要だ。

次のページへ

回転をストップさせてリリースする

1

POINT 1
目線はフィーリングで
投げやすい位置へ

2
スピードを維持したまま、
さらに回転を続ける。

5

POINT 2
体の真横で手を離し
42〜44度の角度で投げる

6
左足のヒザを伸ばして
回転をとめることで、ハンマーが飛ぶ。

遠心力がかかっても
ハンマーに負けないように注意。

4周回転したら
リリースの動作へと移行する。

POINT
3 軸足は重心移動を"つま先→カカト"と繰り返す

回転動作では左足は重心をつま先からカカトへ、カカトからつま先へと、移動させながら回転する。ハンマーを上に振るときはカカト、下に振るときはつま先、と切り替えを繰り返しながら4回転でサークルの前方へと移動する。

回転中の姿勢のミスに注意する

POINT ① 右足の着地で重心が移ると 回転の軸が乱れる

回転は左足に乗せた重心を軸にするのが基本だが、右足を着地させる際にそちらに重心を移してしまうと、回転が乱れてハンマーに強い遠心力を与えられない。この原因は、まわろうとする意識を強く持ちすぎることにある。フォームに慣れていない初心者は特に、重心軸を移してしまいやすいので注意。

POINT ② 体が上下すると ハンマーに力がかからない

ハンマーは波打たせるように軌道を上下させる。その際に体は、ハンマーが上に向かっているときには下、下に向かっているときには上と、逆方向に力をかけるのが基本。ハンマーについて行くように上に向かう動きに合わせて伸びあがり、下を向いているときにはしゃがむなど、体まで上下すると力が増幅しない。

CHECK POINT！

1 右足に重心が移ると軸が乱れる
2 回転中に体が上下するのはNG
3 背中が丸まらないように注意
4 腕が曲がると飛距離が出ない
5 体が先行すると力がかからない

POINT ③ 背中が丸まった姿勢だと ハンマーを上下させられない

腰が入っていない構えの姿勢で回転に入ると、背中が丸まってしまいハンマーを上下にまわすことができない。運動に不慣れな初心者にありがちなミスだ。正確にまわすためには、構えから意識する必要がある。

POINT ④ ハンマーにもたれられないと 腕が曲がる

遠心力のかかったハンマーに、体を預けてもたれることができないと、力んで腕が曲がることが多い。これでは回転で力を増幅できず、手投げになるため飛距離が出ない。フォームを身につけることが解消の早道だ。

POINT ⑤ 無理にスピードを出そうして 体が先行するのはNG

速く回転しようと、肩に力を入れてハンマーを強引に引っ張るように体を先行させると、強い力を与えられない。ハンマーと正対の関係で回転することがポイントなので、しっかりと釣り合いをとりながら動作しよう。

ハンマー投げのルールを把握する

ファウルに注意してハンマーを投げる

　ハンマー投げは、2.135m のサークル内に立ち、重りにワイヤーと持ち手（ハンドル）がついたハンマーを投げる競技。

　サークルの中心から34.92 の角度で扇形のエリアがあり、その内側が投擲方向となる。そのエリア内にハンマーを落下させる。エリア外に落としたり、フォーム中にサークルから出てしまうとファウルとなり、また落下より前に出たり、サークルの後ろ以外から出るなどしてもファウルとなる。投擲が成功したら、記録はサークルの中心から落下点を測定し、一人につき 3 回の試技（投擲）ができ、そのうち最も優れた記録が成績となる。

ハンマーの重さは7.26kg ワイヤーの長さは1.175～1.215m

使用するハンマーは男子一般で7.26kg（16ポンド）で、重りと持ち手をつなぐワイヤーの長さは、1.175～1.215mと決められている。日本では大学生から、男子一般のハンマーを使って競技を行う。

女子は一回り小さい 4kgのハンマーを使う

女子選手は男子一般よりも一回り小さい重さ4kg、ワイヤーの長さ1.160～1.195mのハンマーを使って競技を行う。なお高校生のカテゴリーでは、男子は6kgのハンマーを使用し、女子は高校でも変わらず4kgを使う。

男子　　　女子

ハンマーの落下を待って サークルの後ろから出る

サークルには左右に線が引かれており、投擲後はその線の後ろ側から出なければならない。なお、その際にはハンマーの落下を待つ必要がある。また、名前をコールされてから1分以内に投げなければならないルールもある。

+1 プラスワンアドバイス

リリース時は足が サークルから出やすいので注意

ファウルにならないように特に注意するべきポイントは、リリースの動作だ。ハンマーの制御を失うと、振り回されて重心が前のめりになってしまい、リリース後に一歩踏み込んでサークルから出てしまうことがある。

フォームを練習で洗練させる

POINT ① スイングターンでフォーム前半の動きを習得

　ハンマーをまわす予備動作から、回転に入るフォーム前半の動きを身につける基本練習にスイングターンがある。2回ハンマーをまわして勢いをつけ、2周回転したら、また予備動作のスイングに戻り、また回転……とスイング→ターンを5回ほど繰り返す練習。回転への移行で体の軸が乱れないように意識しよう。ウォームアップとしても有効だ。

POINT ② スイング歩行で体を捻る感覚を身につける

ハンマーを振りながら歩く練習をスイング歩行という。ハンマーを後ろから前にまわすことで体が捻れる感覚が身につくので、フォームに慣れていない初心者に特に効果的。30mの歩行を5本が練習回数の目安。慣れてきたらハンマーの数を増やしても良い。

POINT ③ ハンマーを持たずに取り組む空ターンでフォームチェック

空ターンは素振りのような、ハンマーを持たずに回転の動作を行う練習だ。左足を軸に回転するフォームを、ハンマーがない分集中してチェックすることができる。丁寧にゆっくりキレイに行うことが重要で、大会の当日などに最終確認として取り組むと良い。

筋力を高めて投擲の距離を伸ばす

POINT ① シャフトをかついで腰をツイストさせる

　筋力を高めるために、ウェイトトレーニングで使うシャフト（20kg）を使うと効果的。肩に担いで両腕で支え、その姿勢で骨盤が前に出るまで左右交互に腰をねじる。速いスピードで20回行い、腹筋を鍛える。

POINT ② シャフトをかついでクロールのように動かす

　シャフトを使うトレーニングは、動きを変えることで別の筋肉を鍛えられる。左右のツイストから、水泳のクロールのように振る動作に切り替えて同じように素早く20回行うと、腹筋をまんべんなく鍛えられる。

CHECK POINT!

1 シャフトをかついでツイスト
2 シャフトをかついでクロール動作
3 ペアの手を持って後ろに引っ張る
4 ハンマーの重さを変えて投げる
5 ケトルベルで振り切りを強化

POINT 3 2人1組になって交互にペアを引っ張る

　2人一組になり、腕をクロスさせたペアの両手をハンマーの持ち手と同じようにつかみ、回転動作中の構えをとって後方に引っ張る。姿勢を崩さず10m引き、これを3セット行う。練習の最後に補強として取り組む。

POINT 4 軽いもの・重いものにハンマーを変えて投げる

　同じ重さで投げ続けると癖がつくものなので、フォームが乱れないように重量を変える。軽い女子用（4kg）や、倍重いハンマー（約14kg）をいつものハンマーに織り交ぜて1日に5本ほど投げる。この練習はたまに行う程度でOKだ。

女子用

重いハンマー

POINT 5 ケトルベルを使って振り切りのパワーを鍛える

　重りに取っ手のついた15kgのケトルベルを両手で持ち、リリースのみを行う練習。数回左右に振って、勢いをつけたところで後方に投げる。10回ほど行うことで、振り切りのパワーとタイミングを養うことができる。

ケトルベル

肩の強さと助走の加速で記録を出す

　　やり投げは細長い形状のやりを片手で投げる競技で、その他の3種目が回転動作を伴うのに対し、腕の振りを使って投擲する野球の遠投のようなフォームを用いる。日本では野球を通じて〝投げる〟動作が浸透しているため、日本人向きの競技であるといえ、なかでも強肩の選手はやり投げの適性がある。

　　また、長い助走路を走ってから投げるという特徴があり、サイズの小ささによるパワー不足を助走でカバーできるので、スピードと跳躍力さえあれば好記録を出すことができる。その点でも日本人にチャンスのある競技で、世界で通用する可能性が高い。

日本大学陸上競技部投擲・やり投げブロック
◉近年の成績
2015年：第83回日本学生陸上競技対抗選手権大会4位・第69回国民
体育大会5位6位

PART**4**

コツ
28

やり投げのフォーム

助走でスピードをかけて全身で投げる

CHECK POINT!
1 助走でスピードをかける
2 クロスステップを行う
3 全身を使ってリリースする

勢いをやりに伝えるステップが重要

やり投げは助走路を走って勢いをつけ、腕を振り切ってやりを投げる動作となる。より遠くに飛ばすにはスピードが重要でスピードに乗った助走が大切だ。またそのスピードを力にしてやりに伝えるステップも必要となる。

大股で走って加速し、助走路の中ほど

に到達したところで**投擲方向に対して上半身を半身にするクロスステップに入り、高い位置で振りかぶって投げる。**地面からの反力を得て、肩を使ってリリースすることで大きなパワーを生む。腕をしならせて、やりを押し出す距離をより長くすることが好記録を出すカギ。

POINT ① モモを高くあげて 助走路を走る

　助走ではスピードに乗るために、モモを高くあげて大股で走る。スプリント競技と同じような走り方が理想。その際に目線はまっすぐ投擲方向に向ける。走りながらも、持っているやりを地面と平行にしてバランスをキープすること。

POINT ② 上半身を半身にして 右足とクロスさせるステップ

　助走でスピードをかけたところで、リリースに向けたステップに入る。下半身は前に向けたまま上半身を捻って、やりを高い位置で振りかぶりテイクバックをとる。この足運びをクロスステップといい、スピードを維持して行うことが大切。

POINT ③ 上半身全体を動かして やりをリリースする

　クロスステップで助走路の後半を走り進み、ラインの手前でリリースする。半身の上半身を正面に戻していき、胸から肩、腕の順で力を手に伝えることで、より長くやりを押し出せるようになり、飛距離が伸びる。

+1 プラスワンアドバイス

リリースの角度は 34〜36度がベスト

　リリースは高い位置で行うことが理想で、振りかぶりでヒジを下げたところから腕をムチのようにしならせ、ジャイロ回転をかけて投げる。その際は34〜36度の角度でリリースし、空気をとらえてより遠くへ飛ばす。

やりを地面と平行に持って構える

CHECK POINT!
1 親指と挟む持ち方がベター
2 頭の高さでやりを構える
3 投げやすい立ち位置を探す

直立してやりを頭の高さにあげる

やり投げは、利き手でやりを持って高い位置で構える。**頭の高さまであげ、ヒジは前方向に曲げる。その際に、やりを地面と平行にすることが大切だ。**角度がつくと助走中に浮くなどして、フォームの乱れにつながる。姿勢はまっすぐ直立して、やりを引く際にスムーズに動ける位置で構える。

やりの持ち方にはいくつかの種類があり、自分の最も投げやすい方法を選択する。中指と親指で挟んで手の腹に乗せる持ち方が、最もスタンダードだ。まずはこの方法から試して、取り組む中で自分にとってベストな持ち方を見つけよう。

持ち方には3種類ある
中指と親指で挟むのがベター

やりの持ち方にはさまざまあり、大きく3種類にわけることができる。その違いは手の腹に乗せたやりに対する指のつけかた。スタンダードなのは中指と親指で挟む方法（左）と、人差し指で親指で挟む持ち方（中）。2指をグリップに引っ掛ける方法は特殊なため、現在ではあまり見られない（右）。

中指と親指　　　　　人差し指と親指　　　　引っ掛ける

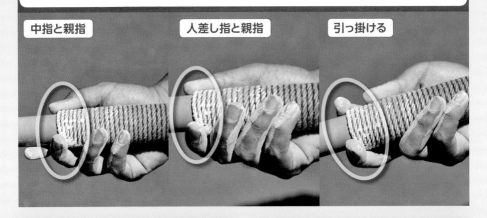

やりを持つ位置は
頭の横の高さ

やりは振りかぶりのテイクバックで、後ろに引きやすい位置で持つ。目安は頭の高さで、利き腕側の頭の横でやりをキープできると良い。引きやすいことはもちろん、高い位置でリリースできるようになる効果もある。

立ち位置は選手の特徴や
場面によって異なる

構える位置は助走路の後方だが、厳密な位置は選手それぞれの歩幅やそのときの環境によって異なる。また左右も、投げやすい立ち位置を探す。右利きの場合は、利き手側にズレやすいので左側に立つことが多い。

助走からクロスステップへ移行する

①

助走路の後方から
投擲方向と正対して助走

②

充分に加速したら
上半身を半身にする

⑤

POINT
②

やりを頭の高さで振りかぶって
テイクバック

⑥

やりを引いた姿勢のまま
大きくステップ。

CHECK POINT!
1 右足をまっすぐ踏み込み上半身とクロスさせる
2 やりを頭の高さで振りかぶってテイクバック
3 右ヒジを落としてリリースの準備

③ クロスステップに入っても
スピードは落とさない

④ POINT 1 クロスステップを踏みながら
テイクバックへ入る

⑦ 地面を強く蹴って、
踏み込みで力を増幅させる。

⑧ POINT 3 右ヒジを落としてリリースの準備

上半身全体を使ってリリースする

⑨

⑩

投擲方向に向かって、
左腕を伸ばしてリリースに入る。

POINT 1 半身の上半身を
正面向きに戻していく

別角度をチェック

ヒジを充分に下げて、
やりを上向きにする。

POINT 2 最後の踏み込みで力を溜めて
腕に伝える

CHECK POINT!
1 半身の上半身を正面向きに戻していく
2 最後の踏み込みで力を溜めて腕に伝える
3 34〜36度の角度で斜め上方向にリリース

11
前に体重移動しながら、
腕を肩から動かして投げる。

12
上半身全体で振り切って、
大きくフォロースルーをとる。

POINT 3 34〜36度の角度で
斜め上方向にリリース

胸の中心から投げる意識で、
腕を振ることが大切。

構えとリリースの乱れに注意する

① 構えでやりの先端があがらないように注意

構えでやりの先端があがっていると、助走でさらに空気抵抗が発生して浮きあがってしまうので注意しよう。外国人選手には構わず投げる選手もいるが、日本人選手はスピードが武器なので平行にしないと空気抵抗が邪魔になってスピードが出ず、記録が伸びない。やりが不安定にならないようにしっかりと握って、平行なままキープできるようにしよう。

② ヒジが先行すると手投げになる

リリースでヒジを先行させると、手に全身の力を伝えづらく手投げになって記録が伸びないので注意が必要だ。ヒジを先行させるフォームは野球の投球フォームに近く、長い物体を投げるやり投げに適していない。悪い癖がつく前に、胸から腕へと操作して投げる正しいフォームの習得に取り組もう。

POINT ③ 腰に力が入っていないと上半身の姿勢が乱れる

リリース前の最後の踏み込みで、姿勢が左右にブレるなどして乱れると、強い力をやりに与えることができず遠くまで飛ばせない。腰に力が入っていないと崩れやすいので、強く踏み込んでも姿勢をキープできるように、体幹を意識することが大切だ。最後のところでミスすると、それまでの助走が水の泡になるので集中を維持しなければならない。

POINT ④ リリース後にやりが立つ軌道はNG

やりは斜め上にリリースし、放物線を描いて落下点に刺さる軌道がベストだ。空気に乗って進み、自然に落ちるため抵抗を抑えてより遠くまで飛ばすことができる。角度をとりすぎると、やりが空中で立ってしまう。これでは空気抵抗を受ける面積が大きくなるため、ある程度進んだところでストンと落ちてしまい、フォームで与えた力を活かせない。

やり投げの競技ルールを把握する

CHECK POINT !
1 やりは男子800g女子600g
2 踏み切り線に触れるとファウル
3 時間内であればやり直せる

30m程度の助走をとってやりを投げる

やり投げは助走をとって、やりを投げる競技。**助走路は最短30mで、先端の踏み切り線の中央から角度約29度でラインが引かれており、その有効エリア内に落下させる**。記録は落下点と助走路の起点を結んだ線の長さを計測することで出し、一人につき3回の試技を行って、そのうち最も優れた記録が成績となる。

有効エリア外への投擲は当然ながらファウルで、そのほかにもやりの先端が最初に接地しない、踏み切り線を踏む、振りまわして投げる、肩及び投げる側の腕より低い位置から投げるなどしてもファウルとなるので、把握しておこう。

POINT ① やりの長さ・重さ は性別によって異なる

やりは男子で重さ800g、長さ2.6〜2.7mのものを使用する。女子は一回り小さくなって600gの2.2〜2.3mのやりを用いて競技を行う。なお試技では、やりの先端を最初に接地させなくてはファウルとなる。

POINT ② 踏み切り線に 触れるとファウルとなる

助走路の先端にある踏み切り線に触れてしまうと、ファウルとなるので注意が必要だ。また、投げたあともやりが落下するまでは出てはならない。勢い余って飛び出してしまうことがあるので、しっかりストップする。

POINT ③ 1分以内であれば 助走のとり直しが可能

1分以内であれば、助走をはじめてもやりを投げない限り、助走のとり直しをすることができる。走りはじめてフィーリングが合わないと感じたら、途中で助走をとめて助走路を戻りフォームを最初からやり直そう。

+1 プラスワンアドバイス

腰にバンドを巻いて 競技を行っても良い

腰にサポーターのバンドを巻いて競技を行うことが認められている。スピードをかけたところからストップして全身で投げるという競技の性質上、腰に強い負担がかかるので、ケガの防止を促すためのルールだ。

ボールとチューブを使って動作の確認

POINT 1 メディシンボールを腕を使って壁に当てる

　壁を正面に立ち、3〜4kg程度のメディシンボールを両手で持って両腕をあげる。その姿勢から腕を使ってボールを壁に当て、跳ね返りをキャッチする。これを10回×3セット程度行う。肩甲骨を出し入れしながら取り組み、リリースの感覚を養うことが目的だ。ウォーミングアップとして最適なので、練習の最初で行うとスムーズに投擲練習に入れる。

POINT 2 一歩踏み込んでボールを強く壁に当てる

　POINT①の練習から、一歩下がってメディシンボールを壁に当てる。踏み込みの動作が加わるので腕の力だけではなく、全身の連動が求められる。リリースの最後の踏み込みで力を溜める動作をイメージして、ボールを壁に当てて跳ね返りをチェックしよう。回数は、練習の最初にウォーミングアップとして、10回を1〜2セットほど行う。

POINT ① チューブを利き手で持ってリリースの動作をチェック

　鉄棒などにチューブを巻きつけて、利き腕でチューブの先端を持つ。チューブに対して横向きに立ち、やりを持っているイメージでリリースの上半身を正面に向ける動作を行う。取り組むことによって体のねじりを、肩甲骨を入れて解いていく動きの感覚をチェックできる。10回を3セット行うことを目安にして、練習に取り組もう。

POINT ④ サポートを入れて逆の手でもチューブを持つ

　POINT③の練習を発展させて、難易度を高めた練習。利き手で鉄棒などに巻きつけたチューブを半身の姿勢をとって持っている状態から、その逆側にサポートを入れてチューブを持ってもらい、逆の手でも同様に持って取り組む。左右を均等の力で引っ張る必要があるため、動作の安定感がアップする。回数は、10回を3セットほど行うと良い。

83

砲丸とボックスを使って練習に取り組む

POINT ① 軽い砲丸を持って体幹を意識して投げる

　中学生女子が使用する2.7kgの砲丸を右手で持ち、やや前後に振りかぶって勢いをつけたところから、左足を踏み込んで高い位置から投げる。やり投げのフォームと同じように、半身の姿勢から体を正面に向けて投げることがポイントで、体幹を強く意識する。違う形状の物体を持つことで、動作をチェックできる。回数は10回×2セット程度。

POINT ② 両手に砲丸を持って利き手で投げる

　POINT①の練習から発展させて、利き手の右手に加えて左手にも同じ重さの砲丸（2.7kg）を持って動作を行う。逆側に重みが加わるため、体の開きを抑えることができ、リリースの最後の踏み込みで正面に壁を作ってしっかりとやりに力を伝導させる動作の感覚を確認、養うことができる。回数は、10回×2セット程度が目安となる。

POINT ③ やりをタテにスイングし、下に潜り込む感覚を確認

　利き手でやりのグリップを握り、逆の手で先端のあたりを持つ。フォームの最終局面、踏み込みからやりを後ろに引いた姿勢をとり、そこからタテにスイングする。リリースでやりの下に潜り込む感覚を養うことが目的で、肩を体の上に持っていく意識を持つ。試合前などの最終確認として有効で、10kg程度のポールを使うとトレーニングにもなる。

POINT ④ ボックスからの乗り降りで足のクロスを養う

　やりを持って立ち、正面にボックスを置いて、半身の姿勢から左足踏み切りで飛び乗る。右足の着地によって、クロスステップで足を交差させる感覚を養える。飛び降りるパターンでも、同じように練習できる。それぞれ10回×2セット程度を目安に取り組む。

飛び乗り

飛び降り

幅跳び4種で下半身を補強する

CHECK POINT!
1 1歩で高く遠くへ跳ぶ立ち幅跳び
2 大股で跳びながら進む立ち五段跳び
3 一方の足で連続で跳ぶ片足立ち五段跳び
4 強く踏み切って進む両足跳び

投擲の練習では得られない瞬発力を養う

　投擲種目の練習はそれぞれの技術を高めるものや、上半身の筋力アップを目的とした内容のものが多い。しかし、上半身ばかりではバランスが悪いので、下半身もトレーニングする必要がある。

　そのために取り組むのが「バウンディング」だ。これは幅跳びの総称で、4種目を練習メニューに組み込むことで下半身の補強トレーニングとなる。**筋力と投擲の練習では得られない瞬発力、そして地面からの反力を得る能力も身につくため、投擲の技術にもプラスになる。**回数は週に2回ほど、各種目5本ずつ（片足跳びは左右それぞれ5本）が目安だ。

1歩で高く遠くへ跳ぶ立ち幅跳び

体を沈みこませたところから、全力の伸びあがる力を合わせて高く遠くへジャンプ。全ての種目の基本となる動き。

大股で跳びながら進む立ち五段跳び

幅跳びの要領で片足ずつ交互に4歩で跳びながら進み、5歩目は両足で砂場に着地する。

③ 一方の足で連続で跳ぶ片足立ち五段跳び

片足で立ち幅五段跳びを行う。一方の足で行ったら逆側も同様に行う。回数も同数取り組む。

④ 強く踏み切って進む両足跳び

立ち幅五段跳びを、全て両足踏み切りで行う。この種目は「カンガルー」と呼ぶこともある。

コツ
37

ストレッチ

筋肉を伸ばしてコンディショニング

体をケアしてケガを防止する

　練習や試合など投擲を行う前後には、ストレッチをして筋肉を伸ばす。柔軟性を高められるためケガの予防に効果的で、また血行が促進されるため疲労除去も速めることができる。効いていると感じるところで 10 〜 20 秒キープしてじっくり伸ばす。

POINT 1 モモの表側の筋肉をストレッチする

　両足を揃えて座り、一方の足をふくらはぎとモモを重ねるようにして曲げる。両手を後方について重心を後ろにかけると、主にモモの表側の筋肉を伸ばせる。逆側も同様に行い、まんべんなくストレッチする。

前

横

POINT 2 臀部の筋肉をじっくり伸ばす

　片ヒザをついた姿勢をとり、逆足を後方に伸ばし上半身を前傾させ両手を前につくと、主に臀部の筋肉が伸びる。ヒザをついている足は内側に入れ込むように曲げる。逆側も同様に行って、左右ともストレッチする。

前

前

POINT ③ 2人1組になって脚部全体をストレッチ

両足を限界まで開いて座る。このときヒザはまっすぐ伸ばす。その姿勢からペアに後ろから、前と左右に押してもらいストレッチする。これにより、脚部の裏側全体が伸びる。充分伸ばしたら、交代して相手のサポート。

POINT ④ 仰向けの姿勢をとり体の側部を押してもらう

体をまっすぐ伸ばして仰向けになり、両腕を揃えて頭の方向に伸ばし、体をまっすぐにする。その姿勢からペアに上から、上半身の側部、腕の付け根のあたりを手のひらで押してもらう。ストレッチしたら交代する。

押す際には掌底を当て、体重をかける。これにより体側部にある大円筋などの筋肉をほぐすことができる。

POINT ⑤ 両腕を後方に伸ばして ペアが内側に押す

直立の姿勢で両腕を後方に伸ばす。このとき、手のひらはそれぞれ内側に向ける。後方に立つペアがその手の甲を持ち、内側に力をかける。これにより、主に肩甲骨をほぐせる。ストレッチしたら交代する。

POINT ⑥ 2人が互いに両手を持って 引っ張り合う

2人が横並びに立ち、上半身をそれぞれの方向に倒して両手をそれぞれ持つ。その姿勢から、互いに自分の方向に引っ張り合う。これにより体側の筋肉を伸ばせる。伸ばしたらお互い反転して行い、逆側の体側も伸ばす。

POINT ⑦ 仰向けの姿勢で 腰をひねってストレッチ

仰向けに横になって両腕を左右に伸ばし、腰をまわして左脚を外側に倒す。ペアがその上から右肩と左脚の付け根に体重をかけて、腰をストレッチする。逆側も同じように行ったら、ペアと交代してストレッチをする。

POINT ⑧ 仰向けでヒザを持ちあげ 臀部の筋肉を伸ばす

仰向けの姿勢で右ヒザを持ちあげる。そのヒザをペアが上から持ち、体の方向へ体重をかける。これにより主に臀部の筋肉が伸びる。逆側も同じように行ったら、ペアと交代してストレッチのサポートをする。

PART4

コツ 38

小山監督インタビュー

トップレベルの指導法を知って成長に活かす

種類豊富な練習法を用意してマンネリ化を防ぐ

指導者として選手を見る際には、まずフォームを確認します。現状である程度の記録を出せていても、致命的な悪癖があってそれ以上伸びないこともあるので、問題点がないかを入念にチェックします。**また高校生はやり投げを除いて、大学から重さが増えるので、一般の重量でも飛ばせる技術があるかという点も、将来性を考えてチェックします。**さらに重視するのは体格や筋力など、フィジカル面の資質の部分です。特にスピードは素質的な要素が強く、トレーニングを積んだとして高められるものではないので重要になります。

実際の指導では、それぞれの種目に適したドリルなどの練習に取り組んで正しい技術の習得を目指します。その際にポイントになるのは、マンネリ化を避けることです。投擲競技は単純な練習が大半なので、そればかりを2時間も3時間もやり続けるのはつらいものです。大学生くらいになると単調な繰り返しでも目的意識をしっかり持って取り組めますが、中学生や高校生だと飽きてしまうので、**ある目的に対してさまざまなアプローチで、複数種類の練習を用いて技術を高めていくことが大切になるのです。**

技術をつかむきっかけ作りが
上達の早道

　正しい技術をコツとしてつかんだとき、選手は成長します。そのために身についていない感覚をマスターに導いたり、悪い癖を解消させることによるきっかけ作りがコーチの役目となります。

　より良い指導のためにはその選手の特徴を知る必要があるので、私はその選手を育ててきた中学や高校時代の指導者から話を聞くなどして情報を集め、スピード

が不足しているなら筋力でカバーする、反対にスピードがあるなら速さで技術を活かすなど、タイプに合わせて指導していきます。また性格面も加味して、伝え方を工夫することも大切です。**コーチはきっかけを生み出すために選手を観察し続けて、どのタイミングでどう言葉をかけるかを考えるのです。**

入念な安全確認で
事故の起きない環境を作る

　練習する際には、安全面に充分配慮する必要があります。**その前提として、「一人での練習は避ける」ということを理解してください。**やり投げを除く3種目のフォームは投擲方向に背中を向けた構えから投げ始めるので、落下地点から目を離すことになります。人が通っても気づけないので、誰もいない練習場でない限りは、周囲に注意を払う協力者を置かなくてはならないのです。

　加えて、**声で注意を与えることも徹底します。自分が投げて落下するまでに人が投擲エリアに入ってこないように、大きな声で「いきます！」など投げる意思を伝え**ます。周囲はそれに「はーい」など声で応えて相互に確認し合うことで、事故を防ぎましょう。

　これだけ入念に注意喚起する必要があるのは、投擲物は投げ始めから見ていないと追いかけられないからです。特にハンマー投げは予想以上の飛距離が出るので、背中を向けて歩いている人に当たるなどの事故が起きます。練習する際には、全員でケアしながら取り組まなければならないのです。**投擲の選手だけで練習できることが理想ですがなかなか難しいので、注意を促す柵や看板を立てることも重要になります。**

投げる前に、声かけで充分に注意喚起する。
この徹底が安全性につながる。

立て看板で危険なエリアに、
人が入らないように注意を促す。

小山 裕三

日本大学陸上部元監督

1956年生まれ、千葉県出身。現役時代は昭和53年と54年の日本選手権で優勝するなど、砲丸投げの日本トップ選手として活躍。引退後は指導者として室伏広治、野口安忠、村上幸史、畑瀬聡らを指導し、日本大学陸上競技部監督として、各競技に優秀な選手を輩出した。また2001年から解説者としても活動しており、アテネオリンピック、ロンドンオリンピックなどの投擲種目を担当。元日本陸上競技連盟投擲部長、日本学生陸上競技連合強化委員会委員、日本大学スポーツ科学部 学部長。

協　　力

村上 幸史

1979年生まれ、愛媛県出身。愛媛県の生名中、今治明徳高校、日本大学を経て現在はスズキ浜松ACに所属。やり投げ選手として、2000年から2011年まで日本選手権12連覇を達成するなど国内トップの活躍を見せる。2009年にはアジア選手権で優勝。同年の世界選手権で銅メダルに輝き、やり投げ種目において日本人初のメダル獲得を果たす。2013年の織田記念で記録した85.96mは日本歴代3位（2020年現在）。

○**制作スタッフ**

デザイン　居山勝
カメラ　　柳太、曽田英介
編集　　　株式会社ギグ

記録が伸びる！陸上競技　投てき　新版
～砲丸投げ・やり投げ・円盤投げ・ハンマー投げ～

2020年12月15日　第1版・第1刷発行

監修者　小山　裕三　（こやま　ゆうぞう）
発行者　株式会社メイツユニバーサルコンテンツ
　　　　（旧社名：メイツ出版株式会社）
　　　　代表者　三渡　治
　　　　〒102-0093 東京都千代田区平河町一丁目1-8
印　刷　株式会社　厚徳社

◎『メイツ出版』は当社の商標です。

ご意見・ご感想はホームページから承っております。
ウェブサイト　https://www.mates-publishing.co.jp/

編集長:折居かおる　副編集長:堀明研斗　企画担当:堀明研斗

※本書は2015年発行『記録が伸びる！陸上競技　投てき　～砲丸投げ・やり投げ・円盤投げ・ハンマー投げ～』の新版です。